UNA GUÍA ILUSTRADA PARA LA AUTODISCIPLINA

50 hábitos para lograr un mayor autocontrol, éxito y satisfacción en la vida

Por Martin Meadows

TABLA DE CONTENIDOS

PRÓLOGO

Este no es el típico libro de autoayuda.

No está destinado a ser leído una vez para luego dejarlo olvidado en un rincón. Este libro está diseñado para inspirarte cada día, para mostrarte de manera entretenida y vívida cómo cultivar la autodisciplina a través de poderosos hábitos que puedes introducir en tu vida a partir de hoy.

Notarás que hay un gato o un perro en cada ilustración. Las mascotas son adorables, pero esa no es la razón por la que las verás en todas las páginas. Están ahí para simbolizar la vida cotidiana.

El gato simboliza lo mundano o lo difícil. Simboliza obstáculos: las personas que se burlan de tus esfuerzos, que no creen en ti o que proyectan sus creencias limitantes en tu persona. También simboliza las triviales preocupaciones cotidianas. (Lo siento, amantes de los gatos, un perro no encajaría en este papel).

El perro simboliza la emoción, la inspiración y la energía. Simboliza los momentos en que todo va bien, cuando fluyes, cuando estás motivado, cuando las personas comparten tu visión y te apoyan.

Nuestras vidas imperfectas están formadas por momentos entrelazados de gatos y perros. Con altibajos. Triunfos y fracasos. Momentos memorables y monótonos. Y, a lo largo de todos ellos, es necesario que demuestres tu compromiso con la autodisciplina cada día, ya que solo así serás capaz de cambiar tu vida para atraer más éxito y satisfacción.

Antes de pasar la página, una última cosa... hazte la promesa de probar por lo menos 10 hábitos de este libro.

Cuando te ejercitas con un entrenador físico, no solo pasas el tiempo conversando con él, sino que haces los ejercicios y sigues sus recomendaciones de alimentación.

Trata a este libro de la misma manera. Elige un hábito y apégate a él por unas cuantas semanas. Si estás satisfecho con los beneficios que te brinda, mantenlo en tu vida y luego elige otro hábito en el que quieras trabajar.

Por favor, consulta a tu médico antes de probar algunos de los hábitos en este libro. La seguridad siempre debe ser tu prioridad. NO soy un médico o psicoterapeuta calificado, ni ningún otro tipo de experto acreditado. Todos los hábitos se presentan únicamente con fines informativos y motivacionales.

HÁBITO nº 1: UN HÁBITO PARA GOBERNARLOS A TODOS. DA SEGUIMIENTO A LOS HÁBITOS.

Los demás hábitos que presentaré en este libro son como un bufé: elige lo que quieras sin ningún orden en particular. Este primer hábito es el precio de admisión que debes pagar si deseas disfrutar de las demás opciones.

Crea un sistema de seguimiento de hábitos que detalle qué es lo que vas a hacer y con qué frecuencia. No te limites únicamente a hacer un seguimiento mental. Cuando no pones por escrito tus hábitos, no los sientes como algo real. No puedo enfatizar esto lo suficiente: realmente necesitas un sistema de seguimiento para ayudarte a implementar nuevos hábitos.

Tu sistema no tiene que ser complejo. Yo utilizo una sencilla hoja de cálculo y marco con una "x" cada día en que llevo a cabo un hábito diario, así como cada semana en que llevo a cabo un hábito semanal. Tú puedes utilizar una aplicación en tu teléfono o un diario tradicional. Lo que sea que elijas, utilízalo todos los días.

Define tu hábito en términos específicos y medibles, por ejemplo: "Corro 30 minutos, tres veces por semana", o "Ahorro $XX/€XX cada semana".

SEGUIMIENTO DE HÁBITOS
LUNES
MARTES
MIÉRCOLES
DÍA DE PROTEÍNA
CORRER 40 MIN
DUCHA FRÍA
DUCHA FRÍA
VIERNES
DOMINGO
DÍA DE PROTEÍNA
CORRER 40 MIN
DÍA DE PROTEÍNA
DUCHA FRÍA

HÁBITO nº 2: PREPÁRATE. SIGUE UN RITUAL MATUTINO.

Un ritual matutino es una rutina que llevas a cabo cada mañana, la cual te ayuda a comenzar el día con la mentalidad adecuada. ***El objetivo es aumentar tu energía, inspirarte y prepararte para las obligaciones del día.***

La rutina matutina puede incluir: un entrenamiento breve (flexiones, saltos, sentadillas, burpees, cualquier cosa que mejore tu circulación sanguínea), ejercicios de respiración, planear tus actividades principales, visualizar un resultado favorable de las actividades del día, expresar gratitud y revisar tus planes a largo plazo.

Cualquiera que sea la rutina que te propongas, asegúrate de que condicione tu mente para que sea positiva, disciplinada y orientada al logro de resultados.

HÁBITO nº 3: MODERACIÓN VS. ABSTINENCIA. IDENTIFICA TU ESTILO DE AUTODISCIPLINA.

La exitosa escritora Gretchen Rubin plantea que existen dos tipos de personas: moderadoras y abstencionistas. Las moderadoras tienen más éxito con sus resoluciones cuando se permiten darse un gusto ocasional. En cambio, las personas abstencionistas prefieren comprometerse al 100% sin excepciones, ya que son incapaces de moderarse.

Por ejemplo, si deseas perder peso y sabes que una sola porción de helado te conducirá a devorar el contenido de todos los envases de helado a la vista, debes seguir la estrategia del abstencionista. El helado tendrá que desaparecer de tu dieta, sin excepciones.

Sin embargo, si te vuelves loco cuando no te puedes dar el gusto de un helado ocasional, y realmente solo te comes una porción cada dos semanas, entonces eres un moderador. En este caso, necesitas permitirte algún antojo para lograr el éxito.

Al formar nuevos hábitos, trata siempre de identificar qué enfoque debes adoptar y establece reglas que te ayuden a atenerte a ellos. Al igual que el seguimiento de los hábitos, este es otro meta-hábito que te ayudará a tener más éxito a la hora de establecer nuevas rutinas.

HÁBITO n° 4: MANTÉN LA CALMA Y LA SERENIDAD. ACEPTA LOS INCONVENIENTES.

Cuando te encuentres en una situación inconveniente, en lugar de frustrarte, di: "¡Genial! Ahora puedo..." y mira el lado positivo. ***Al permanecer calmado y sereno durante una situación inconveniente, desarrollas la capacidad de mantener la disciplina aun estando bajo presión.***

Por ejemplo, si estás esperando en una larga fila, puedes decir: "¡Genial! Ahora puedo practicar mi paciencia". Si está lloviendo y querías salir a correr, puedes decir: "¡Genial! Ahora puedo practicar mis habilidades físicas y mi fortaleza mental".

Para practicar aún más, exponte a pequeños inconvenientes deliberadamente. De esta forma, te entrenarás para manejar mejor situaciones involuntarias similares en el futuro. Por ejemplo, llega 15 minutos antes a una reunión y finge que la otra persona se ha retrasado. ***¿Cómo puedes controlar tu creciente impaciencia? ¿Cuál es el lado positivo?***

HÁBITO n° 5: NUTRE TU CUERPO. COME UNA BUENA PORCIÓN DE VERDURAS.

La salud es una de las cosas más importantes en la vida. Sin embargo, pocas personas siguen el principio nutricional más fundamental que podría mejorar drásticamente su bienestar y, por consiguiente, su desempeño en todos los aspectos de la vida.

Este principio es comer verduras todos los días. Las verduras están llenas de nutrientes, tienen pocas calorías en comparación con los alimentos procesados, y satisfacen mejor tu apetito. Proporcionan energía a tu cuerpo, te ayudan a mantener un peso saludable y reducen el riesgo de padecer trastornos de salud.

Consumir entre un cuarto de kilo y medio kilo de verduras al día es un poderoso hábito de gran alcance que mejorará tu salud y repercutirá positivamente en otros aspectos de tu vida.

HÁBITO n° 6: ESTIMULA TU MENTE. EXPRESA AGRADECIMIENTO.

Puedes poseer una fortuna millonaria y aun así ser muy desgraciado si te falta un elemento crucial: la gratitud. Las personas que aprecian lo que tienen, por muy poco que sea, son más felices y llevan una vida más satisfactoria.

Mantener una actitud positiva ejercita tu fuerza de voluntad, porque el optimismo se reduce al condicionamiento de tu mente. ***Eres tú quien decide entregarse a pensamientos negativos o sentirse agradecido aun cuando las cosas no marchan bien.***

Tómate un minuto o dos para expresar tu aprecio cada día. La práctica constante reprogramará tu cerebro para que se centre en las cosas buenas que tienes en lugar de las malas. Esto te ayudará a dedicarte a tus objetivos y perseverar a pesar de los obstáculos que hallarás en el camino.

HÁBITO nº 7: DESARROLLA TU CONFIANZA. INTENTA HABLAR EN PÚBLICO.

Colocarse frente a un grupo de personas y dar una charla es, como mínimo, incómodo. Precisamente por esa razón, hablar en público es un buen ejercicio para la autodisciplina.

Esta actividad te enseña a mantener la compostura en una situación estresante. Esto aumenta tu control emocional y te ayuda a gestionar mejor las tentaciones y los impulsos. ***Hablar en público también aumenta tu confianza y tu capacidad de liderazgo.***

Esto influye enormemente en tu autodisciplina al demostrarte que aceptar un poco de incomodidad en la vida comporta grandes beneficios. Considera la posibilidad de unirte a un grupo de oratoria como Toastmasters u ofrecerte como voluntario para hablar en público en el trabajo. ***No evites las oportunidades de hablar frente a un grupo en tu vida personal.***

HÁBITO n° 8: CONVIÉRTETE EN UN PRODUCTOR. CREA MÁS DE LO QUE CONSUMES.

El trabajo requiere de autodisciplina, mientras que el consumo es autocomplacencia. Ambos son importantes en la vida, pero, con el fin de lograr el crecimiento y la felicidad, esfuérzate por producir mucho más de lo que consumes. Esto tiene un efecto no solo en tus finanzas, sino también en tu satisfacción personal en general.

Esfuérzate todo lo que puedas en lugar de tomar atajos. Comparte tu trabajo con el mundo. Ofrécete como voluntario para liderar alguna actividad o causa. Organiza eventos y fiestas. Presenta a personas que no se conocen entre sí. Ofrece consejos. ***Apoya a quien lo necesite.***

Cuando te concentras en crear valor te conviertes en un sumador de valor y un solucionador de problemas profesional. Esto te brinda la oportunidad de volverte más ingenioso, un rasgo que también te ayudará a lograr tus propios objetivos.

HÁBITO n° 9: DEJA DE POSTERGAR LAS COSAS. HAZLAS YA.

Si siempre pospones las actividades incómodas, te estás programando para dar prioridad a las recompensas instantáneas e insignificantes. Eso es lo opuesto a lo que necesitas para ser más disciplinado.

La postergación te ofrece algo de disfrute hoy a expensas de beneficios más sustanciales el día de mañana. Por ejemplo, te sientas a ver tu programa de televisión favorito hoy a costa de tener mucho estrés mañana, cuando te encuentres intentando terminar una presentación importante en el último minuto.

Cuando te descubras diciendo "Lo haré más tarde", deja de hacer lo que estás haciendo y ponte a trabajar. Sin importar cuán grande sea la tentación hoy, postergar las cosas garantiza un futuro menos placentero. Entrenarte constantemente de esta manera te ayudará a establecer el hábito de llevar a cabo lo que es desagradable e incómodo hoy, para que puedas disfrutar de un mañana más placentero, positivo y prometedor.

HÁBITO n° 10: MANTÉN LAS COSAS EN ORDEN. HAZ TU CAMA.

En su discurso de graduación de la Universidad de Texas en Austin en 2014, el almirante William H. McRaven dijo: "Si haces tu cama todas las mañanas, habrás cumplido con la primera tarea del día. Te dará una pequeña sensación de orgullo y te alentará a hacer otra tarea, y otra, y otra. Y, al final del día, una tarea terminada se habrá convertido en muchas tareas terminadas".

Hacer tu cama por la mañana te ayuda a volverte más concienzudo. Te programas para rechazar el descuido y adoptar un nivel de exigencia alto. Esto tiene una influencia en tu comportamiento durante el resto del día.

HÁBITO nº 11: ERRADICA LA NEGATIVIDAD. DEJA DE QUEJARTE.

Quejarte no es más que pereza mental: en lugar de eliminar los pensamientos negativos improductivos, eliges entregarte a ellos. Esto no hace más que arruinar tu estado de ánimo.

Cada vez que comiences a quejarte, considéralo como un ejercicio de fuerza de voluntad. ***Cambia tu enfoque hacia algo positivo.*** Si el clima es malo, al menos tienes un techo sobre tu cabeza. Si todavía estás esperando tu comida después de haberla pedido hace treinta minutos, piensa que al menos puedes darte el lujo de salir a comer.

Adicionalmente, en lugar de perder el tiempo quejándote de una situación molesta recurrente, piensa en posibles soluciones. Por ejemplo, si detestas el trayecto diario a tu trabajo, tal vez sea el momento de mudarte cerca de tu lugar de empleo, negociar la posibilidad de trabajar desde casa o encontrar un nuevo trabajo.

Cambiar las quejas por pensamientos productivos te ayudará a mejorar tu disciplina mental y te enseñará a buscar soluciones en lugar de ser negativo.

HÁBITO nº 12: APRENDE A TRAVÉS DE LA PRÁCTICA. ESTABLECE UN GRAN RETO.

Los retos son como herramientas de escultura para la autodisciplina. Al trabajar en un gran objetivo que pone a prueba tu resolución en un área específica, mejoras tu disciplina, tanto en esa área en particular como en otros aspectos de tu vida.

El éxito genera éxito. Cada desafío que emprendas ofrecerá lecciones que te ayudarán en tus proyectos futuros. Proponte un gran reto con regularidad. He aquí algunos ejemplos:

- Correr/recorrer en bicicleta/nadar/caminar, etc., una larga distancia durante un período de tiempo específico, por ejemplo, recorrer 1500 km en tres meses.

- Realizar un ejercicio 'x' número de veces este mes, por ejemplo, 1000 flexiones.

- Recaudar 1,000.000 pesos / 50.000 euros este año en fondos para tu organización benéfica preferida.

- Hablar otro idioma con fluidez en dos años.

- Adquirir cualquier habilidad difícil, como proyecto a largo plazo.

032

HÁBITO n° 13: VIVE SEGÚN TUS REGLAS. IDENTIFICA LO QUE NO ES NEGOCIABLE.

Vuélvete disciplinado al establecer reglas que no puedas romper bajo ninguna circunstancia. Un conjunto claro de principios te servirá como muro de contención para las decisiones impulsivas que no son beneficiosas para tu futuro.

Por ejemplo, uno de tus principios innegociables podría ser nunca sentirte demasiado cómodo. Cada semana debes llevar a cabo algo que te cause temor, te desafíe o te ayude a crecer. Esta regla evitará que te duermas en los laureles y que, por consiguiente, pierdas la autodisciplina.

Al establecer tus reglas inquebrantables, evalúa si vives tu vida de acuerdo con ellas. Si hay incongruencias, úsalas como fuente de motivación para que tu vida refleje tus principios más importantes.

Si uno de tus principios innegociables es que tienes que hacer todo lo que esté a tu alcance para cuidar de tu familia, ¿no crees que perder por fin el exceso de peso te ayudaría a cumplirlo?

Si una de tus reglas es priorizar el tiempo libre por encima de los bienes materiales, ¿no tendría sentido mejorar tu productividad para poder pasar más tiempo con tus seres queridos?

Mis reglas

HÁBITO n° 14: INSPÍRATE DIARIAMENTE. CREA RECORDATORIOS VISUALES DIARIOS.

Comprometerte con tus metas todos los días es clave para una motivación constante. Una de las mejores maneras de hacerlo es a través de recordatorios visuales diarios, como imágenes, videos, citas, elementos o música que te recuerden por qué persigues tu objetivo.

Estas son algunas ideas:

1. Usa una imagen que represente el futuro de tus sueños como fondo de pantalla en tus dispositivos.

2. Coloca una imagen del resultado deseado en algún lugar donde lo veas varias veces al día (por ejemplo, en el refrigerador).

3. Imprime fotos y citas inspiradoras, y colócalas en una pizarra junto a tu escritorio.

4. Establece un recordatorio diario en tu teléfono con un mensaje rápido, por ejemplo: "Como sano", "Soy alegre todo el tiempo", "Tomo decisiones favorables para mi futuro".

5. Coloca un pequeño objeto en tu mesita de noche que te recuerde de qué te ayudará a escapar el objetivo que te has propuesto. Por ejemplo, un pequeño reloj te inspirará a trabajar en tu negocio propio al recordarte que ya no deseas despertarte con el sonido de la alarma.

OLER LAS ROSAS
NO ALIMENTAR AL GATO
UN VERDADERO HÉROE NO SE MIDE POR EL TAMAÑO DE SU FUERZA, SINO POR LA FUERZA DE SU CORAZÓN
HÉRCULES

HÁBITO n° 15: AMPLÍA TUS HORIZONTES. LEE LIBROS.

Si te fijas en las entrevistas con algunas de las personas más exitosas, todas parecen compartir el mismo hábito: ***son ávidas lectoras.***

Leer libros —ya sea una novela, una autobiografía o una guía práctica— amplía tus horizontes. ***Cuando obtienes nuevas perspectivas, desafías tus creencias existentes y adoptas una nueva visión de la vida.***

Además, leer con regularidad pone de manifiesto tu dedicación a la educación continua, un valor que toda persona exitosa incorpora a su vida cotidiana.

Te recomiendo que leas las autobiografías de las personas que admiras. Es la forma más fácil de entrar en la mente de una persona a la que te gustaría emular y aplicar sus ideas a tu propia vida.

Martin Meadows
UNA GUÍA
PARA LA

HÁBITO n° 16: SÉ VALIENTE. ENFRENTA TUS MIEDOS.

Cuando te sometes voluntariamente a algo que temes, tu fuerza de voluntad se ejercita de la misma manera que cuando buscas pequeños inconvenientes y decides mantener la calma en medio de la frustración. ***Todo se reduce a acostumbrarte a la incomodidad, en este caso al miedo, lo que te vuelve más fuerte cuando te enfrentas a la adversidad.***

Identifica tus miedos y hazlos frente periódicamente para aumentar tu fuerza de voluntad, tu fortaleza y tu coraje. Pero hazlo de forma segura. No se trata de viajar tú solo a la selva amazónica para superar tu miedo a las serpientes. ***Piensa en cómo puedes disminuir gradualmente tus miedos en un entorno seguro y controlado.***

HÁBITO n° 17: HAZTE AMIGO DEL HAMBRE. PRACTICA EL AYUNO INTERMITENTE.

El ayuno intermitente es un patrón de alimentación en el que te abstienes de comer durante al menos 14 a 16 horas. Este es otro ejercicio que pondrá a prueba tu determinación al colocarte en una situación incómoda autoinfligida. ***Esta vez estarás desafiando a tu fuerza de voluntad al exponerte al hambre.***

Además de ser un gran ejercicio para desarrollar tu fortaleza mental, el ayuno es saludable y ofrece muchos beneficios que están documentados en diversos estudios científicos. ***El ayuno también te ayuda a ser más flexible en la vida.*** Si eres capaz de evitar comer por un período prolongado de tiempo, no necesitas programar tu vida alrededor de las comidas.

La forma más fácil de practicar el ayuno intermitente es saltarte el desayuno. También puedes dejar de comer unas horas antes de irte a la cama, o establecer una ventana de tiempo para comer, por ejemplo, solo comer entre las 11 a.m. y las 7 p.m. Si estás listo para un desafío más grande, haz un ayuno de 24 horas o más.

HÁBITO n° 18: VENCE A LAS DISTRACCIONES. MEDITA.

Las distracciones abundan en el acelerado mundo actual. Estamos en una lucha constante por mantener la concentración. Lo que es peor, alejarte de todo no es fácil, ya que siempre estás a un clic de distancia de tu teléfono inteligente.

Es aquí donde la meditación te puede ayudar. ***El propósito de la meditación es lograr que te concentres en una sola cosa.*** Ni siquiera es necesario sentarte con las piernas cruzadas. Puedes concentrarte en tu respiración, en la llama de una vela, una plegaria, o botar una pelota de tenis, poner un pie delante de otro, entrenar en un gimnasio de boxeo, escalar, practicar surf, bailar tango, escribir, pintar, o realizar cualquier otra actividad que requiera de tu concentración total para un buen desempeño.

Pasar tiempo en un estado meditativo con regularidad mejorará tu capacidad de concentración. Con un mayor control de tu mente, lograrás ser más disciplinado en todas las áreas de tu vida.

HÁBITO n° 19: SÉ HONESTO. DI LA VERDAD.

Preferir siempre la elección más cómoda a menudo trae más problemas que beneficios. Mentir es un ejemplo de ese tipo de elección, la cual, al principio, es más cómoda que decir la verdad, pero en última instancia tiene un precio muy alto. ***Al ser descubierta, una mentira destruye la confianza y a veces hasta las relaciones, todo por una decisión impulsiva para ahorrarte algo de incomodidad.***

Decir la verdad puede resultar angustioso, pero, siempre y cuando manejes la verdad con delicadeza, la mayoría de las personas apreciarán y admirarán tu franqueza. ***Practicar la honestidad mejorará tus relaciones y te ayudará a tener un mayor control cuando se trate de ejercer la autodisciplina en un entorno social.***

HÁBITO n° 20: ENDERÉZATE. MANTÉN UNA BUENA POSTURA.

Eliminar los malos hábitos de tu vida diaria es una forma fácil de mejorar tu fuerza de voluntad. Uno de estos hábitos es mantener una mala postura: sentarse encorvado, apoyarse en una pierna, doblar la espalda frente a la computadora, mantener los hombros caídos o sostener el teléfono entre el hombro y la oreja.

Aprende a ser consciente de tu postura y corrígela durante todo el día. ***Además de mejorar tu fuerza de voluntad, tu espalda te lo agradecerá.***

Como recordatorio para mantener una buena postura, coloca una nota adhesiva a la vista en el marco de la puerta de tu cocina, dormitorio, o cualquier otra habitación por la que pases regularmente.

HÁBITO nº 21: EL ESTADO DE ÁNIMO ES UNA OPCIÓN. CONTROLA TU ESTADO MENTAL.

Tu fisiología afecta a tu estado mental en un nivel profundo.

Inténtalo ahora: levántate, sonríe ampliamente y comienza a dar saltos. Te sentirás lleno de energía y más feliz. Ahora, deja caer los hombros, frunce el ceño y mírate los pies mientras tensas la espalda. No es una buena postura para ser feliz, ¿verdad?

Aunque no puedes eliminar los acontecimientos negativos de tu vida, sí puedes controlar tu respuesta ante ellos. Nadie te obliga a sentirte mal. Las emociones negativas a veces son útiles, pero no deben ser la norma.

Utiliza la negatividad como punto de partida para trabajar en tu control emocional. ***Sonríe. Ten pensamientos de gratitud.*** Cambia tu lenguaje corporal para sentirte más positivo. Esfuérzate por ser una persona alegre y solidaria. Concéntrate en ayudar a los demás a sentirse bien y tú también te sentirás bien.

Crea una lista de cosas que puedes hacer para sentirte mejor. Siempre que te sientas negativo, elige una de esas cosas para ayudarte a elevar tu ánimo.

Una nota al margen: si crees que padeces depresión, consulta a un terapeuta calificado. No lo dejes para después. Programa una consulta ahora mismo. ***No tienes por qué pasar por esto tú solo.***

HÁBITO nº 22: LLÉNATE DE ENERGÍA. LEVÁNTATE TEMPRANO.

Levantarte temprano mejorará tu vida de dos maneras. ***Primero, pondrás en práctica tu fuerza de voluntad.*** No es fácil ejercer la autodisciplina cuando todavía estás medio dormido. ***En segundo lugar, levantarte temprano te da una ventaja y te ayuda a ser más productivo.***

La noche anterior planea algo emocionante o agradable que hacer en la mañana. Si no tienes nada interesante que esperar a la mañana siguiente, levantarte será difícil.

Planea disfrutar con calma de una taza de café o té, salir a correr mientras escuchas tu música favorita, aprender algo interesante, leer un libro de tu autor favorito o trabajar en un proyecto emocionante.

Si no eres muy madrugador, sigue una rutina que te funcione. ***El levantarse temprano no funciona para todos, pero cualquiera puede beneficiarse de un horario regular y predecible.***

HÁBITO nº 23: SIÉNTETE BIEN DE SENTIRTE MAL. TOMA DUCHAS FRÍAS.

Si estás buscando una forma sencilla de poner a prueba tu fuerza de voluntad y aumentarla, no busques más allá de tu baño. ***Abre el agua fría y disfruta del placer del agua helada en tu cuerpo.***

Al tomar una ducha fría cuando hay agua caliente disponible, te colocas deliberadamente en una situación inconveniente. Aprende a tolerar circunstancias desagradables en un entorno seguro del que puedes escapar si se vuelve demasiado difícil de manejar.

Este hábito te ayudará a desarrollar tu fortaleza y a mejorar tu capacidad para sonreír y soportar un malestar intenso de corta duración.

HÁBITO n° 24: HAZLO DE TODOS MODOS. RECIBE LO MALO CON LOS BRAZOS ABIERTOS.

En su libro ***Living with a Seal***, el autor Jesse Itzler cita las siguientes palabras de su entrenador, el Navy SEAL, David Goggins: ***"Si no apesta, no lo hacemos".***

Hacer cosas que 'apestan' es lo opuesto a lo que una persona sensata preferiría hacer, pero es la diferencia clave entre una persona disciplinada y una de voluntad débil.

La reacción natural a las dificultades y obstáculos es poner excusas y evadirlas. ***Sin embargo, si huyes de las cosas que te desagradan, pierdes la oportunidad de prepararte mejor para manejar las dificultades.***

Es más agradable y cómodo buscar las cosas fáciles, pero llevar a cabo lo que es difícil te ayuda a crecer. Por ejemplo, correr bajo condiciones ideales es divertido. ***Sin embargo, salir a correr cuando hace frío, llueve, el tiempo es húmedo o cualquier otra circunstancia difícil, es lo que más forja tu carácter.***

Cuando trabajes en tus objetivos, no temas buscar lo más difícil. Es ahí donde puedes aprender más. A menudo, una sola experiencia muy desafiante puede enseñarte más que pasar semanas haciendo algo fácil.

HÁBITO n° 25: AUMENTA TU DETERMINACIÓN. RECONOCE TUS PEQUEÑOS TRIUNFOS.

Si la determinación te permite avanzar hacia tus metas, entonces reconocer tus triunfos es como reabastecer en el camino el combustible de este vehículo. ***Las personas que no reconocen sus pequeños logros podrían no darse cuenta de su progreso, y eso los lleva a perder la motivación para seguir adelante.***

No necesitas lograr grandes triunfos para felicitarte por un trabajo bien hecho. De hecho, la mayoría de las veces son los pequeños logros constantes los que producen grandes éxitos.

Si estás a dieta, felicítate por comer verduras, tomar un smoothie, o rechazar una comida poco saludable. Si quieres mejorar tu situación financiera, siéntete bien por haber ahorrado algún dinero hoy, o porque tu negocio secundario te esté ayudando a obtener un ingreso adicional cada mes.

Reconoce tus pequeñas victorias todos los días. Al revisar lo que has hecho cada semana, no te olvides de felicitarte por tu dedicación continua a tus metas.

HÁBITO n° 26: ABRE LA MENTE. PIENSA EN NUEVAS IDEAS.

EL hábito de pensar en blanco y negro afecta a tu capacidad para hacer cambios. Si crees que solo tienes dos opciones, lo más probable es que elijas mantener las cosas igual. Como reza el dicho, más vale malo conocido que bueno por conocer. Desafiar tus creencias al negarte a ver solo dos opciones y, en lugar de eso, pensar siempre en alternativas, te ayudará a escapar de esta forma peligrosa de pensar.

Por ejemplo, la mayoría de las personas asume que solo tienen dos opciones cuando se trata de perseguir sus sueños empresariales: o comienzan un negocio y se arriesgan a perderlo todo, o conservan el empleo que odian y se olvidan de sus planes empresariales.

Ahora toma el ejemplo de una persona que se niega a pensar en blanco y negro. Resulta que existen más de dos opciones: pueden mantener su empleo y trabajar en su negocio por las mañanas, buscar un socio para compartir las responsabilidades, pedir a su jefe que les permita trabajar a tiempo parcial, cambiar su contrato laboral, buscar financiación para comenzar con los recursos adecuados, entre muchas otras opciones.

Evita el pensamiento perezoso. Siempre hay una tercera opción, y con frecuencia una cuarta, quinta o sexta.

HÁBITO n° 27: DEJA ESPACIO PARA LAS COSAS IMPORTANTES. DESPEJA TU ENTORNO.

El desorden no solo es desagradable a la vista, sino que también afecta a tu capacidad de concentración. Mantener las cosas en orden requiere de autodisciplina, lo que te brinda la oportunidad de ejercitar tu fuerza de voluntad. ***Ordenar tu entorno es también una fantástica manera de despejar tu mente de distracciones y recuperar el enfoque.***

Desecha cosas tales como ropa desgastada, artículos que ya no utilizas, y todo aquello que deberías haber tirado hace mucho tiempo, como cajas de cartón viejas y productos caducados. ***Despeja tu vida digital también.*** No mantengas docenas de pestañas abiertas en tu navegador. No ancles el septuagésimo icono a tu escritorio. No instales una aplicación de moda más en tu teléfono.

Identifica qué elementos contribuyen poco a tu vida y redúcelos al mínimo. Por ejemplo, si no estás particularmente interesado en la moda, simplifica tu guardarropa y dona aquello que rara vez usas.

Mantén el desorden a raya realizando una evaluación rápida cada semana y descartando regularmente todas las cosas que ya no necesitas.

HÁBITO n° 28: MANTÉN EL IMPULSO. SIEMPRE DA UN PASO ADELANTE.

A menudo el comienzo es la parte más difícil. Una vez que pones el motor en marcha, mantenlo en funcionamiento. Crea el hábito de que, sin importar qué, siempre llevarás a cabo al menos una pequeña acción relacionada con tus objetivos. No es realista pensar que en todo momento estarás funcionando al máximo, pero siempre puedes hacer algo para manifestar tu compromiso.

Por ejemplo, si no tienes ganas de hacer ejercicio, convéncete de que harás ejercicio durante un minuto y habrás terminado. Aunque eso sea todo lo que hagas hoy, seguirá siendo un pequeño paso adelante y mantendrás algo de impulso. ***Gracias a esto, mañana no te despertarás pensando que, como ya te saltaste la rutina de ayer, también puedes saltarte la de hoy.***

HÁBITO nº 29: OPTIMIZA TUS NIVELES DE ENERGÍA. CONTROLA LA CAFEÍNA.

La cafeína es una bendición para las personas activas. Desafortunadamente, todo tiene un precio. Es imposible mantener de forma artificial un alto nivel de energía todo el tiempo. ***La cafeína puede ser útil si necesitas un pequeño estimulante, pero si la consumes diariamente tan solo para sobrellevar el día, esto conduce a una adicción.*** En lugar de proporcionarte energía, la cafeína se convierte en algo que debes consumir para evitar caer desfallecido.

Demasiada cafeína conduce a dolores de cabeza, irritabilidad, inquietud y nerviosismo, ninguno de los cuales es propicio para la autodisciplina. Lo que es peor, el consumo de cafeína seis horas antes de acostarte reduce la calidad del sueño, causando que te sientas aún más cansado al día siguiente.

¿Es la cafeína un demonio que no tiene cabida alguna en tu vida? Evidentemente no. ¿Podrías beneficiarte al controlar tu consumo de cafeína? Sin duda.

Considera la opción de cambiar el café por una infusión de hierbas y prueba alternativas sin cafeína, como el café de achicoria. ***Elimina por completo el consumo de bebidas energéticas que, a diferencia del café, no proporcionan beneficios de salud y presentan un gran riesgo para tu salud.***

CAFÉ
TÉ

HÁBITO n° 30: FORTALÉCETE. EMPUJA TUS LÍMITES FÍSICOS.

La actividad física regular es uno de los hábitos más poderosos, no solo porque es vital para la salud, sino también porque es una excelente oportunidad para ejercer tu fuerza de voluntad.

Cada vez que realizas un ejercicio difícil, a pesar de la incomodidad, extiendes tus límites. Desafiar repetidamente tus límites físicos mejora tu fuerza física y tu fortaleza mental al mismo tiempo.

Extiende poco a poco tus límites durante tus rutinas de ejercicio. De vez en cuando, lleva tus límites a un nivel más extremo de forma segura y consciente. La palabra clave aquí es "tus límites". ***No te compares con los demás.*** No importa si no puedes correr más de dos minutos mientras que otros corren durante horas. ***Compite contigo mismo.***

EMPUJE

HÁBITO nº 31: EL ESFUERZO TRAE RESULTADOS. VISTE BIEN.

Vestir bien parece una cosa del pasado. En el mundo actual deberíamos juzgar a las personas por su comportamiento y no por cómo se visten. Esta afirmación tiene sentido, pero no cambia el hecho de que seguimos reaccionando más positivamente a una persona bien vestida que a alguien que viste de forma descuidada.

Vestir bien es menos cómodo que usar tu ropa casual favorita. Sin embargo, como ya hemos establecido, un poco de incomodidad a menudo vale la pena. Las personas bien arregladas causan una primera impresión más favorable y lucen más profesionales, atractivas y seguras. Tu apariencia externa puede tener un gran impacto en lo poderoso que te sientes por dentro.

¿Deberías usar traje o un vestido formal todos los días? Seamos realistas, no lo harás y no es necesario. ¿Deberías hacer un esfuerzo por lucir lo mejor posible y sentirte bien con un poco de incomodidad cuando vas a ver a una persona importante, asistir a una reunión importante, o cuando necesitas impulsar tu seguridad en ti mismo? Si lo deseas lo suficiente, la respuesta es clara.

HÁBITO n° 32: SÉ UNA PERSONA INTEGRAL. TRABAJA EN UNA DEBILIDAD.

Cuando empleas tus fortalezas sientes que tienes el control. Estás haciendo algo para lo que eres bueno, y siempre es satisfactorio ver que todo marcha bien. Por el contrario, cuando trabajas en tus debilidades te sientes incómodo. Abundan las frustraciones. Los desafíos parecen insuperables.

Hay mucho que puedes aprender cuando te atreves a hacer cosas para las que no eres bueno. Te entrenas para seguir adelante a pesar de enfrentarte a obstáculos prácticamente insuperables. ***Tu paciencia aumenta cuando lidias con situaciones en las que lo único que quieres hacer es gritar de frustración.*** Te conviertes en una persona integral.

Haz una lista de tus debilidades. Pregúntate cuáles de ellas traerían más beneficios a tu vida si las superas. Cada mes o cada trimestre elige una en la que quieras trabajar.

HÁBITO n° 33: RESTABLECE EL EQUILIBRIO. CONÉCTATE CON LA NATURALEZA.

Siempre estamos buscando la forma de ser más disciplinados, tener más energía y volvernos más eficientes. Sin embargo, a veces lo que necesitamos es lo contrario. Necesitamos restablecer el equilibrio haciendo menos y regresando a nuestro entorno primigenio en el mundo: la naturaleza.

Pasar tiempo en un entorno natural con regularidad, ya sea un parque local, la playa, las montañas, el desierto, el bosque, la selva, el mar, un lago o el océano, es una de las mejores maneras de recargar nuestra energía. ***Esto te ayudará a fomentar tu salud mental y a mantener el máximo nivel de desempeño a largo plazo.***

Ser incapaz de darte un respiro y terminar perdido en una vida urbana ruidosa y llena de distracciones es una receta segura para el agotamiento. Asegúrate de recargar tus baterías regularmente pasando unas horas en silencio en un entorno natural y reconfortante.

HÁBITO nº 34: ASEGÚRATE DE ESTAR EN EL CAMINO CORRECTO. REVISA TU RUMBO..

La autodisciplina es una herramienta que puede ayudarte a lograr tus metas. Sin embargo, esta herramienta solo es útil si la aplicas a los objetivos correctos.

Empeñarte ciegamente en perseguir objetivos que ya no son tan importantes es un desperdicio. Lo que es peor, si no analizas con frecuencia el rumbo de tu vida, los objetivos menos importantes pueden terminar despojándote de los recursos que deberías utilizar en otros aspectos más fundamentales de tu vida.

Por ejemplo, en la búsqueda ciega por ganar más dinero puedes terminar sacrificando tus relaciones, un valor mucho más importante en tu vida.

Revisar periódicamente tu rumbo es una medida preventiva clave que te ayudará a saber si hay discrepancias entre tu estilo de vida y tus valores. Pregúntate si todavía te importan tus metas. Averigua si tus hábitos cotidianos son congruentes con la dirección que deseas seguir.

HÁBITO n° 35: SIMPLIFICA LAS COSAS. IDENTIFICA SOLO UNA COSA PARA TI.

Descrito detalladamente en el libro de Gary Keller y Jay Papasan Solo Una Cosa (***The One Thing***), el hábito de identificar y enfocar tus recursos en "***solo una cosa***" se reduce a responder la siguiente pregunta: ***"¿Qué única cosa puedes hacer que, al llevarla a cabo, logra que todo lo demás sea más fácil o innecesario?".***

Los hábitos poderosos de autodisciplina no solo sirven para mejorar la autodisciplina: también sirven para optimizar su uso. Concentrar tus esfuerzos en la actividad más transformadora requerirá de menos autodisciplina. Cuando establezcas un nuevo objetivo, identifica tu única cosa y centra tus esfuerzos en ella para volverte más efectivo y exitoso teniendo que hacer menos.

1.

HÁBITO nº 36: CREA UNA RED DE HÁBITOS. DESARROLLA VÍNCULOS MOTIVACIONALES.

Un vínculo motivacional es un puente entre un nuevo hábito y tu estilo de vida: valores, actividades, personas, hábitos existentes, etc. ***El desarrollo de vínculos motivacionales para cada nuevo hábito crea una red de hábitos sólida y autorreforzada.***

Por ejemplo, puedes crear un nuevo hábito, como hacer estiramientos después de cepillarte los dientes por la mañana. ***De esta manera, cada vez que te cepillas los dientes te acuerdas de hacer tus estiramientos.***

Otro ejemplo de un vínculo motivacional es vincular un nuevo hábito con una de tus pasiones. Identifica los beneficios específicos de incorporar un nuevo hábito en algo que te apasiona, como podría ser una dieta saludable que mejore tu desempeño al jugar al tenis. También puedes combinar tu pasión con un nuevo hábito, por ejemplo, escuchar podcasts educativos mientras corres.

Por último, puedes desarrollar un vínculo motivacional al vincular un nuevo hábito con otra persona. Puedes implementar un nuevo hábito con tu pareja, un amigo o un ser querido, o vincular tu nuevo hábito con el impacto positivo que tendrá sobre ellos. Por ejemplo, el hábito de ahorrar el 10% de tu salario mensualmente beneficiará en gran medida a toda tu familia. Hacer una conexión clara entre ahorrar y cuidar de tu familia puede impulsar tu motivación para mantener este nuevo hábito.

HÁBITO nº 37: ACEPTA LA PRESIÓN SOCIAL. ENTABLA NUEVAS AMISTADES.

La investigación sobre la teoría del aprendizaje social realizada por Albert Bandura ha demostrado que puedes adquirir nuevos comportamientos al observar e imitar a otros.

Rodearte de personas que muestran ciertos rasgos que a ti te gustaría desarrollar es un atajo que puedes utilizar para lograr tus objetivos más rápidamente. Cuando te haces amigo de personas que son relevantes para tus actividades, necesitarás menos autodisciplina para cambiar, ya que adoptarás los comportamientos correctos a través del simple contacto social.

Por ejemplo, si comienzas a ir al gimnasio y entablas amistad con personas que van al gimnasio con frecuencia, te resultará más fácil mantener tu hábito y mostrar esos valores que mejorarán tu estado físico y tu salud.

Dado que tendemos a copiar los comportamientos, creencias y hábitos de las personas más cercanas que nos rodean, es importante elegir conscientemente nuestro entorno inmediato. ***Asegúrate de que esto funcione a tu favor.***

HÁBITO n° 38: SIÉNTETE MEJOR. SAL A TOMAR EL SOL.

La vitamina D, una hormona que el cuerpo produce cuando se expone al sol, mejora la salud ósea, protege contra ciertos tipos de cáncer y tiene un impacto positivo en los órganos, los músculos, la salud autoinmune y el cerebro. También aumenta tu sensación de bienestar, ayuda a las personas que padecen de trastorno afectivo estacional, y reduce el síndrome premenstrual.

Comúnmente se sabe que pasar cualquier periodo de tiempo bajo el sol sin protección es peligroso. Los expertos señalan que se debe evitar salir al aire libre entre las 11 a.m. y las 3 p.m. y siempre es necesario usar protector solar.

Desafortunadamente, la posición del sol antes de las 11 a.m. y después de las 3 p.m. es demasiado baja como para permitir que tu cuerpo sintetice la vitamina D. Y usar protector solar todo el tiempo reduce la capacidad de tu cuerpo para sintetizar la vitamina D en más de un 90%. Esto da lugar a que un gran porcentaje de las personas tengan una deficiencia de esta importante vitamina.

Los suplementos vitamínicos pueden ayudar, pero no tienen los mismos efectos que la luz del sol. ***La mejor manera de producir suficiente vitamina D es exponerse al sol sin protección entre las 11 a.m. y las 3 p.m. por lo menos una hora a la semana.***

Tomar el sol con regularidad para obtener niveles óptimos de la vitamina D, fundamental para la salud, aumentará tu estado de ánimo, reforzará tu salud y, por consiguiente, te ayudará a tener más éxito.

HÁBITO n° 39: DISMINUYE LA VELOCIDAD. TÓMATE UNOS DÍAS DE DESCANSO.

El descanso es tan importante como el trabajo. Si estás agotado, es muy poco probable que puedas cumplir con tus actividades. Asegurarte de que tu cuerpo y tu mente tengan la oportunidad de recuperarse es vital para tus objetivos.

Programa períodos de descanso regulares: destina un bloque de tiempo reservado para ti, y solo para ti. Aprovéchalo para meditar, tomar una siesta, escuchar tu música favorita, pasear, leer, o cualquier otra cosa que te ayude a relajarte.

Si has estado trabajando con más intensidad de lo habitual, también deberías dedicar más tiempo a recuperarte. Al concluir un período de actividad agotador, asegúrate de disfrutar a continuación de un período de recuperación para recargar las pilas.

Martin Meadows
UNA GUÍA ILUSTRADA
PARA LA AUTODISCIPLI
50 hábitos para lograr un mayor
autocontrol, éxito y satisfacción en la vida

HÁBITO n° 40: FORTALECE TU MOTIVACIÓN. TEN VARIOS FACTORES MOTIVADORES.

Cuando estableces nuevos objetivos, ¿inviertes tiempo en encontrar los principales factores que te motivan, o lo dejas al azar al asumir que, si ahora estás motivado para actuar, también estarás motivado en el futuro? Si te tomas el tiempo de pensar en tus factores motivadores, ¿te limitas a cosas superficiales (más dinero, mejor apariencia, etc.), o también piensas en las recompensas internas que puedes obtener?

Para cada nuevo objetivo, encuentra un propósito más grande que simplemente la primera razón que te venga a la mente. Este elemento motivacional adicional puede reafirmar o poner fin a tus resoluciones. Cuando la duda te asalte, necesitarás toda la ayuda posible para seguir adelante. Si tu principal o único motivador es impresionar a alguien, tienes un problema.

Haz una lista de todos tus factores motivadores: recompensas externas, recompensas internas, y el impacto positivo que tendrás en otras personas. ***Revísalos periódicamente para recordar por qué estás haciendo sacrificios.***

Si quieres aumentar el nivel de compromiso, puedes implicar a otras personas en tus objetivos. Por ejemplo, comparte públicamente tus esfuerzos para perder peso porque planeas correr un maratón y recaudar fondos para una buena causa.

¡LIBRE DE
AZÚCAR!

HÁBITO nº 41: CREA UNA SENSACIÓN DE URGENCIA. ESTABLECE PLAZOS CORTOS.

De acuerdo con la ley de Parkinson, el trabajo se expande hasta que llena el tiempo disponible para terminarlo. Si necesitas preparar un informe para el próximo lunes, te tomará exactamente hasta el lunes terminarlo. Si de repente necesitas que esté listo para el viernes, lo terminarás el viernes.

Crear una sensación de urgencia aumenta tu autodisciplina, porque cuando existe un tiempo limitado para realizar una tarea determinada no puedes darte el lujo de holgazanear. No puedes posponer las cosas. ***No puedes obsesionarte con cada detalle sin importancia.***

Al programar tus obligaciones, establece fechas límite que sean más cortas de lo que normalmente acostumbras. De esta manera, aprovecharás el poder de la urgencia para mejorar tu productividad y fortalecer tu autodisciplina. Ten en cuenta que demasiada presión puede llevar al agotamiento, por lo que es bueno que te des un respiro de vez en cuando.

1 HELPING PROCESS
3 HOPE

HÁBITO n° 42: MOTÍVATE A ACTUAR AHORA MISMO. PIENSA EN TU MUERTE.

La próxima vez que salgas a la calle, mira a tu alrededor. A menos que se invente alguna tecnología asombrosa, todos los que te rodean serán reemplazados por personas completamente diferentes dentro de 150 años.

¿Por qué pensar en algo tan morboso? Porque este ejercicio puede ayudarte a vivir una vida mejor.

Puedes sentirte triste por la muerte inminente, o puedes usar esto para tu beneficio al recordarte que todavía tienes el control de cómo se desarrollará tu vida.

Un día todo desaparecerá, pero mientras aún eres capaz de influir en tu vida, ¿por qué no aprovecharla al máximo? Pensar de vez en cuando en la muerte puede servir como un poderoso recordatorio para superar la postergación e introducir una sensación positiva de urgencia en tu vida.

Puedes usar este tipo de visualización para sentirte más agradecido. ***Incluso si las cosas no van del todo bien, aún estás vivo y tienes el poder de decidir cómo será tu vida.***

Como ejercicio adicional, imagina tu funeral y pregúntate qué te gustaría que otras personas dijeran acerca de ti. ¿Tus elecciones actuales te están conduciendo en esa dirección, o no? ***¿Qué puedes hacer ahora para asegurarte de que tu legado sea duradero?***

RIP

HÁBITO nº 43: DISFRUTA DE LA JORNADA. HAZLA DIVERTIDA.

Trabajar en tus metas no tiene por qué ser una obligación aburrida. No te tiene que encantar todo el proceso, pero, si al menos puedes hacerlo un poco divertido, necesitarás menos autodisciplina para cumplir con tus objetivos.

Si estás trabajando en una actividad repetitiva y aburrida, idea un juego en el que la finalidad sea terminar la actividad lo más rápido posible. Si lo que quieres es ejercitarte con más frecuencia, no te limites a las opciones más comunes. Prueba diferentes deportes y actividades. ***Haz que las cosas sean más divertidas realizándolas con otras personas.***

Experimenta con las actividades y combínalas para revivir tu motivación y evitar quedar atrapado en la rutina. Una dieta saludable no tiene que constar de los mismos alimentos. El acto de ahorrar no tiene que convertirse en escatimar. ***Desarrollar una nueva habilidad no tiene que implicar leer libros aburridos y aprender las cosas de memoria.***

Vale la pena probar cualquier cosa que haga que el proceso sea más placentero. Cuanto menos dependiente seas de la fuerza de voluntad para trabajar en tus objetivos, más fácil te será lograrlos.

HÁBITO n° 44: ALMACENA TU CONOCIMIENTO. MANTÉN UN REGISTRO DE TUS PROGRESOS.

Mantener un registro de tu progreso anotando tus observaciones y lecciones, y revisarlas periódicamente, te ayudará a aprender de manera más eficiente. Así evitarás cometer los mismos errores una y otra vez.

Utilizar un registro de progreso para mejorar tu dieta es una poderosa herramienta. Puedes anotar lo satisfecho que te sentiste después de cierta comida, lo mal que te sentiste después de consumir alimentos poco saludables, o cualquier otro consejo útil que te ayude a seguir adelante.

También puedes mantener un registro de tus rutinas de ejercicio, de tu lucha contra un mal hábito, de tu horario de sueño, o de una habilidad que te gustaría adquirir. ***Documenta tus resultados y revisa tus anotaciones con frecuencia para memorizar las lecciones importantes e inspirarte para continuar.***

HÁBITO nº 45: SÉ UNA PERSONA DE FIAR. CUMPLE TU PALABRA.

Si a menudo rompes tus promesas, no solo te vuelves poco de fiar ante los ojos de los demás, sino también ante los tuyos. ***Si no respetas las promesas que le has hecho a otras personas, ¿qué probabilidad tienes de cumplir las promesas que te has hecho a ti mismo?***

No cumplir tu palabra disminuye la confianza en ti mismo y las expectativas de seguir adelante con tus objetivos. ***Cumple todas tus promesas, sin importar si se las has hecho a otros o a ti mismo.***

Por ejemplo, si te prometiste que no comerías ningún alimento procesado hoy, cumple tu promesa, sin importar lo grande que sea el antojo. Al establecer nuevos objetivos, escribe e imprime contratos contigo mismo. Fírmalos y mantenlos en un lugar donde puedas verlos. Sé puntual: la puntualidad también tiene que ver con cumplir tu palabra.

Cumplir repetidamente con las promesas que te haces a ti mismo o a los demás te ayudará a construir una nueva identidad como una persona de fiar y, en consecuencia, disciplinada.

HÁBITO n° 46: SÉ FLEXIBLE. ESTÍRATE Y PONTE EN MOVIMIENTO.

Existe un vínculo entre el estiramiento, los ejercicios de movilidad y la autodisciplina. Se necesita fuerza de voluntad para mantener un estiramiento incómodo, o para mejorar poco a poco y de manera constante tu movilidad a lo largo de varias semanas. Mientras trabajas en tu flexibilidad, al tiempo que empujas tus límites físicos, restauras el equilibrio adecuado en tu cuerpo y te fortaleces mentalmente.

La técnica del rodillo de espuma, aplicando presión en ciertas partes del cuerpo para aliviar la tensión y el dolor, es otro hábito que deberías añadir en tu agenda. Una bola doble de lacrosse y una bola sencilla de lacrosse es todo lo que necesitas para usar la técnica del rodillo de espuma de manera efectiva en todos los músculos más importantes de tu cuerpo.

La forma más fácil de implementar el hábito de estirarte y realizar el trabajo de movilidad es hacerlo inmediatamente después de haberte ejercitado. Si estás particularmente tenso, acude a un terapeuta manual, el cual te ayudará a liberar la tensión que, de otro modo, te resultaría difícil eliminar por ti mismo.

HÁBITO n° 47: NO TITUBEES. SÉ DECIDIDO.

Cada vez que titubeas desperdicias tu tiempo y energía. Para evitar malgastar tus recursos, crea el hábito de no tardar más de un minuto en tomar una decisión de poca importancia.

Practica tu capacidad de decisión en situaciones cotidianas. Por ejemplo, cuando vayas a un restaurante, elige el primer plato que te guste. No tardes horas en elegir qué vestir. Ten preparados varios atuendos adecuados para toda ocasión y ponte el primero que te guste. Cuando compres algo intrascendente, como unas toallas de papel, no compares varias opciones.

Establece reglas sencillas que simplifiquen la toma de decisiones. Por ejemplo, si un libro que suena interesante y en su mayoría tiene reseñas positivas cuesta menos de 200 pesos / 10 euros, cómpralo sin titubear.

Ahorra tiempo y energía en las decisiones que no generan cambios significativos y así tendrás más recursos a tu disposición para las decisiones que sí importan.

MENU

HÁBITO n° 48: DA PEQUEÑOS PASOS. DESARROLLA MINIHÁBITOS.

Utiliza los minihábitos como una forma de tantear el terreno antes de comprometerte con un gran cambio. No es necesario que cambies inmediatamente y por completo tu dieta. ***Puedes comenzar poco a poco, ver cómo te sientes y, si te gustan los resultados, seguir adelante.***

Imaginemos que quieres hacer treinta minutos de ejercicio todos los días. Ya has estado postergando este hábito durante meses. Tienes poco tiempo y tu energía es limitada.

En lugar de comprometerte con un hábito tan grande de forma inmediata, comienza con un minihábito. Haz ejercicio durante solo cinco minutos al día. ¿Aún es demasiado? ¿Qué tal hacer ejercicio durante solo un minuto? ¿Puedes con eso? Si todavía te resulta demasiado desafiante, ¿qué tal unos treinta segundos?

Tu único objetivo es comenzar. ***No importa lo poco que sea:*** al menos estás comenzando y eso es algo que nunca sucederá si sigues esperando las condiciones ideales para empezar a trabajar en tu objetivo original.

Una vez que te adhieras a un minihábito durante algunas semanas, te darás cuenta de que probablemente puedes alargar unos minutos a cada sesión. Pronto serás capaz de hacer diez minutos de ejercicio al día. Entonces, notarás que veinte minutos también son posibles. Aunque te lleve algunos meses, con el tiempo lograrás cumplir el hábito que inicialmente te propusiste.

HÁBITO nº 49: DESARROLLA EL CONTROL EMOCIONAL. ACEPTA ESTAR EN DESACUERDO.

Sin duda uno de los desafíos más difíciles para la fuerza de voluntad es poner fin a una acalorada discusión antes de que se salga de control. Cuando se trata de ciertos temas, es fácil de entender que algunas personas están dispuestas a hacer lo posible para persuadir a los demás. Desafortunadamente, este enfoque nunca es productivo. ***Quizá estés en lo correcto más allá de cualquier duda, pero, sin importar cuánto lo intentes, no puedes cambiar la opinión de otra persona por la fuerza.***

Y si es una tarea tan improductiva, ¿para qué molestarte? ***Si te encuentras en medio de una discusión, haz una pausa por un segundo y pregúntate: ¿cuál es mi objetivo aquí?*** ¿Cambiaría yo de opinión si alguien me atacara de la misma manera?

Respira hondo y acepta estar en desacuerdo. Si la otra persona continúa discutiendo, insiste cortésmente en cambiar de tema. Si esto falla, mantén la compostura y aléjate.

La capacidad de controlar tus emociones es una de las habilidades más valiosas que puedes desarrollar para ser más feliz en la vida. De ahora en adelante, toma cada discusión como una oportunidad para hacer lo correcto y ponerle fin con gracia, con tus emociones bajo control, tu reputación ilesa y tu autodisciplina fortalecida.

HÁBITO nº 50: CREA TU FUTURO. VISUALIZA.

Para hacer que algo suceda necesitas creer que puede suceder. Visualizar tu futuro convierte al sueño improbable que tienes en mente en una clara imagen que se convertirá en realidad si sigues adelante.

Cada mañana visualízate como una persona que ha logrado sus objetivos. Imagina cómo se ve tu vida cotidiana. Piensa en las decisiones y sacrificios que tu yo del futuro ha hecho para llegar a donde está. Visualiza los hábitos que tiene, las habilidades que posee y los rasgos que muestra.

Hazlo realidad en tu mente y sigue esta visión con acciones en el mundo real. Las visualizaciones te ayudarán a fortalecer la creencia de que puedes cambiar tu vida y te ofrecerán una mayor claridad con respecto a las elecciones que debes hacer para llegar a tu destino.

EPÍLOGO

Cincuenta hábitos después estamos aquí, al final de nuestro viaje. Aunque este libro termina aquí, tu propia historia acaba de comenzar. Puedes llevarla en la dirección que quieras.

Espero que no solo hayas descubierto ideas que te ayudarán a mejorar tu vida, sino que también hayas disfrutado de las ilustraciones y que te hayan inspirado para pasar a la acción.

¿Podrías por favor ayudar a difundir el mensaje sobre el impresionante poder de la autodisciplina?

Muéstrale este libro a tu familia y amigos. Habla sobre la importancia de la autodisciplina con tus hijos. Predica con el ejemplo y esfuérzate por ser mejor en todas las áreas de tu vida.

Hábito por hábito, deja tu huella en el mundo. Demuestra con tus propios resultados que ser autodisciplinado bien vale la pena y es fundamental para una vida satisfactoria y exitosa. ¡No olvides expresar gratitud y disfrutar del interminable proceso de crecimiento personal!

SUSCRÍBETE A MI BOLETÍN

Si deseas recibir noticias sobre mis nuevos lanzamientos y obtener más información sobre mis libros, suscríbete a mi boletín. Aquí puedes suscribirte:

http://www.profoundselfimprovement.com/il

¿PODRÍAS AYUDARME?

Me encantaría conocer tu opinión acerca de mi libro. En el mundo editorial existen pocas cosas más valiosas que las opiniones sinceras de una amplia variedad de lectores.

Tu opinión ayudará a otros lectores a descubrir si mi libro es para ellos. También me ayudará a llegar a más lectores al aumentar la visibilidad de este libro.

Publica tu opinión en el sitio donde adquiriste el libro, o comparte lo que piensas de él en tu red social preferida.

ACERCA DE MARTIN MEADOWS

Martin Meadows es un exitoso autor de libros de desarrollo personal, dedicado a escribir acerca de la autodisciplina y su poder transformador para ayudar a otros a lograr el éxito y vivir una vida más satisfactoria. Con un enfoque directo al grano, le apasiona compartir consejos, hábitos y recursos para la superación personal a través de una combinación de investigación respaldada por la ciencia y experiencias personales.

Practicar el autocontrol ayudó a Martin a superar la timidez extrema, desarrollar negocios exitosos, aprender varios idiomas y convertirse en autor de bestsellers, entre otros logros. Como un perpetuo aprendiz, disfruta explorando los límites de su zona de confort a través de experimentos, a menudo extremos, y aventuras que involucran diversos deportes y lugares exóticos.

Martin utiliza un seudónimo. Esto le ayuda a centrarse en ayudar a los lectores a través de su escritura, sin las distracciones que acarrea la búsqueda de reconocimiento. No cree en calificarse a sí mismo como experto infalible (que no lo es), sino que opta por ofrecer sugerencias y soluciones como un compañero de experimentación para el crecimiento personal, con todos los fracasos y éxitos asociados.

Puedes leer sus libros aquí:
http://www.amazon.com/author/martinmeadows.

Ilustrado por Tamara Antonijevic.

Traducido por Paola Hernández.

www.ingramcontent.com/pod-product-compliance
Lightning Source LLC
LaVergne TN
LVHW082022150826
845671LV00006B/235

* 9 7 8 8 3 9 5 3 8 8 5 6 9 *